ENSEIGNEMENT PROFESSIONNEL

ADMINISTRATION

ET

ENSEIGNEMENT

DANS LES ÉCOLES DES ARTS ET MÉTIERS

PAR

E. GUIGON bey

DIRECTEUR-FONDATEUR DE L'ÉCOLE KHÉDIVIALE DES ARTS ET MÉTIERS, FONDÉE EN 1868
MEMBRE DE L'INSTITUT D'ÉGYPTE,
MEMBRE DE LA SOCIÉTÉ DES INGÉNIEURS CIVILS DE FRANCE.

Extrait du *Bulletin technologique* (N° 11. — 1887)
de la Société des Anciens Élèves
des Écoles nationales d'Arts et Métiers.

Prix : 2 francs.

PARIS.

IMPRIMERIE ET LIBRAIRIE CENTRALES DES CHEMINS DE FER
IMPRIMERIE CHAIX
SOCIÉTÉ ANONYME AU CAPITAL DE SIX MILLIONS
Imprimeur de la Société
Rue Bergère, 20
1887

ADMINISTRATION

ET

ENSEIGNEMENT

DANS LES ÉCOLES DES ARTS ET MÉTIERS

PAR

E. GUIGON bey

DIRECTEUR-FONDATEUR DE L'ÉCOLE KHÉDIVIALE DES ARTS ET MÉTIERS, FONDÉE EN 1868
MEMBRE DE L'INSTITUT D'ÉGYPTE,
MEMBRE DE LA SOCIÉTÉ DES INGÉNIEURS CIVILS DE FRANCE.

Extrait du *Bulletin technologique* (N° 11. — 1887)
de la Société des Anciens Élèves
des Écoles nationales d'Arts et Métiers.

PARIS

IMPRIMERIE ET LIBRAIRIE CENTRALES DES CHEMINS DE FER

IMPRIMERIE CHAIX

SOCIÉTÉ ANONYME AU CAPITAL DE SIX MILLIONS

Imprimeur de la Société

Rue Bergère. 20

1887

ADMINISTRATION

ET

ENSEIGNEMENT

DANS LES ÉCOLES DES ARTS ET MÉTIERS

I

LA COMMISSION ANGLAISE DE L'INSTRUCTION TECHNIQUE ET LES ÉCOLES NATIONALES D'ARTS ET MÉTIERS

Ayant eu l'avantage de recevoir dernièrement la visite à l'École d'Arts et Métiers du Caire-Boulaq, de M. William Woodall Esquire, membre du parlement anglais et de la commission royale de l'instruction technique, mon attention a été de nouveau appelée sur les importants travaux de cette commission, qui avaient été déjà signalés par notre Société.

Comme il peut être intéressant de connaître l'opinion exprimée dans ce rapport sur nos Écoles françaises et la façon dont elles y sont décrites, j'ai chargé l'ingénieur de l'École de Boulaq, M. Eugène Villard, ancien élève d'Aix et de Centrale, de la traduction de certaines parties du « *second report of the royal commissioners on technical instruction* ». On trouvera plus loin la traduction du chapitre « *Mechanical Engineering Schools in France* », sur lequel je me permettrai d'abord quelques réflexions.

Une première remarque que l'on fera sans doute en lisant ce rapport, c'est que les études théoriques ne semblent pas avoir eu le privilège d'attirer l'attention particulière des membres de la commission anglaise, car elles s'y trouvent tout juste mentionnées. Cependant, cette branche de l'enseignement dans nos écoles d'Arts et Métiers a autant d'importance, pour le moins, que celle du travail manuel. A vouloir paraître pratique, on oublie quelquefois que l'idée doit conduire la main; et, quoi qu'on puisse croire d'ailleurs, ce n'est guère que dans l'École qu'on peut s'initier rapidement et économiquement à la théorie scientifique qui sert de base à l'industrie mécanique.

J'admets bien volontiers qu'en fait de science l'on ne doit pas exagérer comme cela arrive quelquefois : il serait fâcheux de perdre du temps à développer outre mesure des questions dont on n'aurait que faire plus tard dans l'application. — Mais il n'est pas permis d'ignorer que c'est surtout à l'enseignement théorique qu'ils reçoivent que les élèves des Arts et Métiers doivent les sérieuses qualités que la commission anglaise a bien voulu leur reconnaître. Par exemple, tout le monde est d'accord sur la supériorité de ces élèves dans le dessin industriel. Mais ce genre de dessin n'est autre chose qu'une langue écrite. Pour savoir écrire convenablement cette langue il faut, non seulement en connaître la calligraphie, mais surtout la syntaxe. Or, le travail d'atelier, les exercices graphiques, le croquis à main levée, peuvent donner le coup d'œil et le sentiment de la forme, mais la connaissance complète des mathématiques jusqu'à un certain degré, de la géométrie descriptive et de la mécanique, permet seule d'arriver à la composition exacte du dessin de construction des machines.

On sait que les Écoles nationales d'Arts et Métiers, sont placées sous l'autorité directe du Ministère du Commerce et sous la surveillance du préfet du département. Administrativement, comme au point de vue de l'enseignement, elles gagneraient à dépendre du Ministère de l'Instruction publique, dont l'unique but est l'éducation et l'instruction nationales.

L'Université pourrait offrir au personnel de direction et d'enseignement, si dévoué et si capable de nos Écoles d'Arts et Métiers, des facilités de toutes sortes, avec des ressources comme matériel scolaire et autres que le Ministère du Commerce ne peut fournir.

Le contrôle de l'enseignement technique, aussi bien que celui de l'enseignement classique, appartient aux éducateurs de profession, à ceux qui possèdent la théorie et la pratique de cet art de l'éducation, qui a ses principes et ses lois scientifiques et d'observation, qu'on ne saurait méconnaître aujourd'hui.

On a souvent constaté combien le niveau des études littéraires est bas dans nos Écoles d'Arts et Métiers. Comment pourrait-il en être autrement, puisque chaque École ne possède qu'un professeur pour enseigner, à trois cents élèves, la langue française, l'histoire et la géographie. Le temps consacré à cet enseignement est d'ailleurs notoirement insuffisant : 3 h. 3/4 de classes et 2 h. 1/2 d'études pour la première et la 2me division et 5 h. de classes et 3 h. 3/4 d'études pour la 3me division, par semaine !

Puisqu'on a jugé, depuis longtemps, que trois professeurs de dessin sont indispensables, à plus forte raison faudrait-il au moins trois professeurs de français.

Chaque division d'environ cent élèves pourrait alors être subdivisée en plusieurs sections et, en ayant soin de doubler le coefficient attribué à l'enseignement littéraire, l'on se trouverait dans des conditions pédagogiques qui permettraient de prétendre à quelques résultats.

Les Anglais comprennent l'éducation autrement que nous. Tandis qu'ils exagèrent peut-être du côté de l'éducation physique, nous faisons trop souvent du surmenage intellectuel au mépris des plus simples lois de l'hygiène. Le rapport en question fait remarquer avec beaucoup de raison qu'il y a à l'École de Châlons, « absence totale d'amusements et de jeux athlétiques. » Or, la gymnastique de l'atelier ne suffit pas, bien au contraire : d'autres exercices sont nécessaires, pour rétablir l'équilibre musculaire et donner de la force et de la souplesse aux organes qui ne travaillent pas suffisamment. « *Mens sana in corpore sano* », a dit Juvénal, cette maxime devrait toujours être présente à l'esprit de ceux qui sont chargés d'instruire la jeunesse. Qu'importerait le savoir ou la richesse, s'il fallait les acquérir au dépens de la santé ?

Quant au manque d'amusements et au caractère très rigoureux de la discipline, il n'y a malheureusement rien que de très exact dans l'appréciation de la Commission anglaise. Pour ma part, je ne pense pas qu'on puisse être guère plus maltraité dans une maison de correction, qu'on l'était de mon temps à l'École d'Arts et Métiers d'Aix.

Il est surprenant que l'administration supérieure n'ait pas encore reconnu que les désordres périodiques, invariablement suivis de renvois en masse, ne sont que la conséquence d'une compression et de tracasseries que rien ne saurait justifier. Ce ne sont pas des gendarmes qu'il conviendrait de donner aux élèves comme surveillants, mais des maîtres instruits et bien recrutés, possédant l'éducation, le tact et la patience nécessaires pour remplir des fonctions aussi délicates.

La mise en pratique du demi-externat, qui a été adopté en principe, et cela dans la plus large mesure possible, en décrétant que les places d'internes seront réservées aux élèves boursiers, serait certainement la meilleure solution. Et, qu'on ne se figure pas la chose aussi difficile à réaliser qu'elle peut le paraître au premier abord. Depuis trois ans, nous en avons fait l'épreuve à l'École de Boulaq. Cet établissement compte aujourd'hui cent cinquante demi-pensionnaires sur un effectif de trois cents élèves, tant européens qu'indigènes.

Actuellement, les opinions concernant le mérite des élèves préparés dans les Écoles nationales d'Arts et Métiers, ne diffèrent pas autant en France qu'on se plaît à le dire dans le rapport. Je veux parler bien entendu de l'opinion des hommes compétents et de bonne foi, qui mérite seule d'être prise en considération.

Quant à dire « qu'en entrant dans la vie active les élèves ont encore besoin de beaucoup travailler avant d'être aptes à conduire un atelier » c'est une vérité qui frise l'axiome. Je voudrais bien savoir comment on pourrait arriver à inculquer à un jeune homme de vingt ans à peine, l'expérience des choses et la connaissance des hommes indispensables à un chef d'atelier.

Le rapport contient encore la critique suivante :

« L'on n'apprécie pas assez l'élément du temps dans l'exécution du travail manuel et l'on marque une tendance trop minutieuse à un fini artificiel ».

Ce grave inconvénient est, je crois, le plus sérieux reproche qu'on puisse adresser aux écoles professionnelles en général. J'essayerai d'indiquer les moyens pratiques d'y remédier dans la deuxième partie de cette note intitulée : *Programme de travaux manuels et administration des Ateliers-Écoles.*

Le désavantage du renouvellement trop lent de l'outillage en machines n'a pas l'importance que lui attribue le rapport.

La comparaison entre les élèves des Arts et Métiers et ceux de l'École centrale et de l'École polytechnique, ne manque pas d'exactitude, si flatteuse qu'elle puisse paraître pour les premiers, tant il est vrai qu'il est bien difficile de se faire aux exigences du travail industriel, lorsqu'on n'a pas eu assez longtemps occasion de s'exercer manuellement et de s'initier jeune, dans l'atelier, à la méthode d'application des théories et des procédés scientifiques.

Toutefois, malgré les avantages des Écoles d'Arts et Métiers et « l'influence heureuse qu'elles ont exercée sur l'industrie française, en formant une classe de personnes intelligentes et laborieuses qui remplissent des postes importants dans les établissements industriels » la Commission ne veut pas plaider l'adoption d'Écoles de ce genre. C'est que, sans doute, ces institutions ont un caractère trop franchement démocratique pour l'aristocratique Angleterre. En France même, n'avons-nous pas vu les hommes qui ont fait le second empire, demander à la Chambre la réduction, sinon la suppression, des Écoles nationales d'Arts et Métiers?

Heureusement pour notre pays, les intéressés ne s'y sont pas trompés, et l'affluence toujours croissante des candidats, malgré les difficultés de plus en plus grandes du concours d'admission, ont amené forcément la création d'une quatrième École nationale d'Arts et Métiers, et le projet d'une cinquième École qui doit être prochainement établie à Nevers.

Une conclusion se dégage naturellement des réflexions qui précèdent, c'est qu'il existe dans nos Écoles d'Arts et Métiers, malgré les améliorations introduites dans ces derniers temps, quelques imperfections de détail qu'il serait facile de faire disparaître. Mais qu'en somme, devant les brillants résultats constatés par la Commission anglaise de l'enseignement technique, il y a lieu d'être fier de ces institutions nationales qu'on a souvent prises pour modèles en d'autres pays, et qui ont déjà tant contribué à la prospérité industrielle de la France et au bien-être des classes laborieuses.

Traduction du rapport sur l'École de Châlons, « Mechanical Engineering School at Châlons ».

Parmi les Écoles continentales destinées à l'instruction pratique des chefs d'ateliers, les Écoles françaises d'Arts et Métiers se présentent en première ligne.

Les membres de la Commission ont visité l'École de Châlons-sur-Marne, l'une des trois Écoles du même ordre existant en France, les deux autres, installées exactement sur le même modèle, étant à Aix pour le Midi et à Angers pour l'Ouest.

Il y a une limite géographique déterminée pour chacune de ces Écoles. Les élèves pour Châlons viennent du nord-est de la France. Une quatrième École de ce genre est sur le point d'être établie à Lille, et une cinquième a été, nous pensons, commencée à Nevers.

Les membres de la Commission ont été introduits par M. Jacquemart, inspecteur général de l'enseignement technique en France, et ont été reçus par M. Langonet, directeur.

Ces Écoles sont des établissements de l'Etat dans lesquels le principal objet consiste en des travaux pratiques de mécanique dans les ateliers, avec études théoriques supplémentaires.

Objet de l'École.

Le but de ces Écoles est de former des chefs d'ateliers et des dessinateurs capables, principalement pour les arts mécaniques.

Les élèves travaillent 6 heures 3/4 par jour dans les ateliers et ont en outre 6 heures d'études théoriques.

Les Écoles en question ont été fondées en l'année 1803-1804 par un décret de Bonaparte, 1ᵉʳ Consul (1). L'organisation première différait beaucoup de celle qui est adoptée aujourd'hui.

Ces Écoles sont placées sous le contrôle direct du Ministère de l'Agriculture et du Commerce et sous la surveillance du préfet du département dans lequel elles se trouvent.

La durée des études y est de trois ans. Les élèves sont tous internes comme dans la plupart des Écoles de l'Etat, et leur nombre est de 300 dans chaque École, partagés en trois divisions de 100 élèves. Un grand nombre d'entre eux, la moitié

---

(1) Du décret du 6 ventôse an XI (25 février 1803) date la transformation du Prytanée de Compiègne en une École d'Arts et Métiers qui fut transférée trois ans plus tard à Châlons. C'est au duc de Larochefoucauld que revient l'honneur d'avoir créé en France la première École professionnelle dans son domaine de Liancourt en 1780, et d'avoir été plus tard le premier organisateur des Écoles nationales d'Arts et Métiers.

Tours et modèles.

L'atelier des tours et modèles peut contenir cent élèves, il est très bien outillé et admirablement disposé. Les élèves exécutent des modèles de poupées et bancs de tours, bâtis de machines à raboter, des poulies, etc.

Dans tous les ateliers, il y a outre les maîtres instructeurs, en plus quelques ouvriers.

Le tableau suivant montre la répartition des élèves de chaque année dans les ateliers.

DIVISION	NOMBRE D'ÉLÈVES DANS CHAQUE ATELIER			
	AJUSTEURS	FONDEURS	FORGERONS	MODELEURS
1re année. . . .	50	—	—	51
2ª année. . . .	31	15	34	15
3ª année. . . .	69	10	7	8
TOTAUX. . .	150	25	41	74

Le tableau de l'emploi du temps est donné p. 14 et 15.

L'atelier d'ajustage préféré par les Élèves.

La plus grande partie des élèves de ces Écoles est occupée comme on voit à l'atelier d'ajustage ; réellement, si les élèves étaient libres de choisir, il serait difficile d'en recruter pour les autres ateliers.

La répartition dans les ateliers est faite d'après les résultats des examens annuels, à moins que l'élève ne choisisse volontairement l'atelier le moins demandé.

La discipline a un caractère très rigoureux dans ces Écoles; les élèves portent un uniforme semi-militaire et sont strictement consignés dans l'École, d'où ils ne sortent qu'à de très rares intervalles, sous la surveillance d'un instructeur. Il y a absence totale d'amusements et de jeux athlétiques. Nous en avons demandé la raison au Directeur, qui a répondu que les élèves étaient trop fatigués quand ils quittaient les ateliers pour faire ces exercices.

Opinion française sur ces Écoles.

Les opinions concernant le mérite des élèves préparés dans ces Écoles diffèrent beaucoup en France. Quand ils entrent dans la vie active, les élèves ont encore besoin de beaucoup tra vailler avant d'être aptes à conduire un atelier. L'inconvénient de l'enseignement consiste principalement en ce que l'on n'apprécie pas assez l'élément du temps dans l'exécution du travail manuel, et l'on marque une tendance trop minutieuse à un fini artificiel.

Positions occupées par les élèves de l'École.

Les membres de la Commission ont examiné les positions obtenues par les élèves à leur sortie de l'École. Ils ont trouvé qu'ils sont employés à des occupations variant beaucoup, et parmi lesquelles on peut mentionner les suivantes : dessinateurs dans les manufactures, chefs de bureaux de dessin, directeurs de travaux, chefs d'ateliers ; quelques-uns sont professeurs de construction mécanique. Beaucoup occupent des positions diverses dans les chemins de fer ; très peu relativement restent ouvriers ou même simples contremaîtres. Au début, ils entrent généralement dans les ateliers comme ouvriers, mais à cause de leurs connaissances techniques supérieures, ils arrivent rapidement à la position de contremaîtres, puis chefs d'ateliers et directeurs d'usines.

Comparaison entre les élèves de ces Écoles et ceux de l'École centrale.

D'après les opinions tirées des manufacturiers et chefs de travaux en France, les membres de la Commission ont conclu que dans beaucoup de cas les élèves de ces Écoles étaient trou-

Tableau de l'emploi d...

DIVISION	HEURES		LUNDI	MARDI	MERCRE...
1	Matin	6 à 7¼	Étude.	Étude de chimie ou de physique.	Étude de gra...
		7¼ à 7¾	. . . .	Déjeuner et courte récréat...	
		7¾ à 9	Chimie ou physique.	Mécanique.	Étude.
		9 à 12	Ateliers.	Ateliers.	Ateliers.
		12 à 1½	. . . .	Diner et récréation pour...	
	Après-midi	1½ à 3	Dessin.	Dessin.	Dessin.
		3 à 3¾	Instruction religieuse.		
		3¾ à 6¾	Ateliers.	Ateliers	Ateliers.
		7 à 7½	. . . .	Souper et courte recréation pour...	
		7½ à 8¾	Grammaire.	Étude de mécanique.	Grammaire.
2	Matin	6 à 7¼	Grammaire.	Étude.	Classe de g...
		7¼ à 9	Mathématiques.	Comptabilité, étude.	Mathématiq...
		9 à 12	Ateliers.	Ateliers.	Ateliers.
		1½ à 3	Dessin.	Dessin.	Dessin.
	Après-midi	3 à 3¾	. . . .	Instruction religieuse.	
		3¾ à 6¾	Ateliers.	Ateliers.	Ateliers.
		7½ à 8¾	Étude de mathématiques.	Étude de grammaire.	Étude de m... ques.
3	Matin	6 à 7¼	Étude.	Grammaire.	Étude.
		7¾ à 9	Étude.	Mathématiques.	Comptabilit...
		9 à 12	Ateliers.	Ateliers.	Ateliers.
		1½ à 3	Dessin.	Dessin.	Dessin.
	Après-midi	3 à 3¾	. . . .	. . . .	. . . . .
		3¾ à 6¾	Ateliers.	Ateliers.	Ateliers.
		7½ à 8¾	Étude de grammaire.	Étude de mathématiques.	Étude de m... ques.

le d'Arts et Métiers de Châlons-sur-Marne.

JEUDI	VENDREDI	SAMEDI	DIMANCHE
le grammaire.	Étude.	Étude de grammaire.	Levé à 6 h. 30. Toilette. Récréation. Déjeuner. Revue. Messe à 8 h. Déjeuner de 8 h. 3/4 à 10 h. Récréation et bibliothèque de 10 à 12. Étude pour les trois divisions de 12 à 1 1/2. Dîner et récréation de 1 1/2 à 2. Toilette et préparatifs pour la promenade. A 2 h. promenade ou étude libre. A 6 h. souper. De 6 h. 30 à 7 h. récréation. De 7 à 8 h. étude libre. Couché 1er sem. à 8 h. — 2° — à 8h.30
s divisions excepté le dimanche.			
que.	Chimie ou physique. Ateliers.	Mécanique. Ateliers.	
s tous les jours excepté le dimanche.			
	Dessin.	Dessin.	
	Ateliers.	Ateliers.	
s tous les jours excepté le dimanche.			
le mécanique.	Étude de chimie ou de physique.	Étude de mécanique.	
ou physique.	Grammaire. Mathématiques. Ateliers. Dessin.	Étude. Comptabilité, étude. Ateliers. Dessin.	
e physique ou e.	Ateliers. Étude de mathématiques.	Ateliers. Étude de grammaire.	
le grammaire. atiques. . . . . le mathémati-	Étude. Comptabilité, étude. Ateliers. Dessin. Instruction religieuse. Ateliers. Étude de grammaire.	Classe de grammaire. Grammaire. Ateliers. Dessin. . . . . Ateliers. Étude de mathématiques.	NOTE. — Les examens particuliers ont lieu tous les jours pendant le temps de l'atelier de 9 h. 15 à 10 h. 45.
45.			

vés plus capables, comme directeurs et chefs de service, que
ceux de l'École centrale et de l'École polytechnique ; parce
que leur instruction possède un caractère plus pratique.
qu'ils sont mieux préparés à s'adapter aux exigences des
différents genres de travaux, et plus capables de recevoir de
nouvelles impressions.

Défauts de ces Écoles.

Un désavantage évident de l'École décrite, qui a pour
but de préparer à entrer dans un établissement industriel,
consiste en ce que l'outillage en machines devient rapidement
ancien. les inventions nouvelles n'étant probablement pas
introduites aussi rapidement qu'elles le seraient dans un atelier
de construction.

Cette objection a été en effet reconnue par le directeur
qui a indiqué le fait déjà mentionné. qu'une somme de
70,000 francs était devenue indispensable pour l'achat de
machines nouvelles.

Avantages.

D'un autre côté, l'on doit admettre que les élèves, sous
la direction de contremaîtres chargés de leur instruction,
sont mieux placés pour apprendre plus rapidement les différents procédés, ce qui n'aurait pas lieu dans un atelier
ordinaire, où chaque ouvrier est employé au travail qu'il est
capable de faire avec le plus d'efficacité pour les intérêts du
patron. auquel il suffit généralement d'avoir des contremaîtres compétents.

Sans plaider l'adoption d'Écoles de ce genre en Angleterre,
les membres de la Commission ne doutent pas qu'en com-
binant dans leur système d'instruction. la pratique avec la
théorie. ces Écoles ont exercé une heureuse influence sur
l'industrie française, et qu'en recrutant, comme elles le font,
leurs élèves au choix dans les Écoles inférieures distribuées

sur une vaste étendue (22 départements envoient leurs élèves
à l'École de Châlons), elles ont les moyens de former une
classe de personnes intelligentes et laborieuses, capables en
définitive de remplir des postes importants dans les établissements industriels. C'est d'ailleurs ce que les membres de la
Commission ont constaté en visitant plusieurs des plus grandes
usines de construction de machines en France.

II

PROGRAMME DES TRAVAUX MANUELS ET ADMINISTRATION
DES ATELIERS-ÉCOLES

Dans la première partie de cette note, j'ai essayé quelques
réflexions sur le rapport concernant l'école de Châlons, publié
par le gouvernement britannique; je m'étais réservé de revenir
sur le passage suivant dudit rapport. « L'on n'apprécie pas
assez l'élément du temps dans l'exécution du travail manuel
et l'on marque une tendance trop minutieuse à un fini artificiel ». Car, ainsi que je l'ai dit, cette critique me paraît être,
dans sa première phrase, le plus sérieux reproche que l'on
puisse adresser aux Écoles professionnelles.

C'est pourquoi je tiens à exposer le moyen que j'ai expéri-
menté pour remédier à ce défaut de perte de temps que l'on
pourrait croire inhérent à l'enseignement du travail manuel
dans les Ateliers-Écoles, et qui n'est cependant que la conséquence d'une mauvaise organisation pédagogique et adminis-
trative.

Ce moyen, qui a parfaitement réussi à l'École Khédiviale
d'Arts et Métiers, consiste à réaliser le programme de travaux
manuels en mettant, autant que possible, l'Établissement dans
les conditions d'administration qui régissent les ateliers de
l'industrie. Là se trouve la solution du difficile problème de

⁂

donner au travail des élèves dans les Ateliers-Écoles, tout l'entrain et toute l'activité désirables, deux facteurs qui devraient toujours être inséparables de l'exécution du travail manuel.

« C'est en forgeant qu'on devient forgeron » et ce n'est qu'en travaillant vivement pour travailler beaucoup, que l'on peut espérer devenir assez rapidement maître dans son art.

Quant à l'importance réelle de la critique précédente sur les Écoles nationales d'Arts et Métiers, il suffira pour s'en faire une idée exacte, de citer les chiffres suivants :

Budget des dépenses effectuées par une École en 1884 :

Matériel des ateliers. . . . . Fr.	6547	87
Matières diverses, dépenses des élèves.	26578	73
Total. . . . . Fr.	33126	60

D'un autre côté le rapport constate que les outils et machines, construits dans les ateliers par les élèves, produisent de 30,000 à 35,000 francs par an.

C'est dire que la valeur des travaux d'élèves est à peu près égale à la somme dépensée en approvisionnements.

En comptant 200 journées pendant l'année scolaire pour 285 élèves, et en portant la valeur des travaux faits à 35,000 francs, on voit que la part de chaque élève est à peine de 0 fr. 62 par journée de sept heures de travail effectif.

Les ateliers des Écoles nationales d'Arts et Métiers ont un personnel d'élite, composé d'ingénieurs et de chefs d'ateliers de premier mérite. Ce personnel ne demanderait que d'être complété par un plus grand nombre d'ouvriers instructeurs rétribués à la journée et travaillant manuellement.

L'installation des ateliers est à tous les points de vue admirable et l'outillage ne laisse pas grand'chose à désirer. Cependant ceux de menuiserie, de fonderie et de forge pourraient sans aucune exagération produire dix fois davantage.

C'est à l'atelier d'ajustage que l'on travaille peut-être le plus, mais il s'y perd encore beaucoup de temps, et c'est là surtout qu'on donne à certaines pièces ce fini artificiel dont parle le rapport de la commission anglaise.

Doit-on, comme on l'a fait, accuser les élèves de mollesse et de dédain pour le travail manuel ?

Rien ne serait plus injuste, car si les élèves ont un peu de l'imprévoyance et de la présomption de leur âge, ils sont en général laborieux et désireux de s'instruire dans la pratique, aussi bien que dans la théorie des arts mécaniques.

Comme je l'ai dit plus haut, ce n'est qu'à l'organisation défectueuse de l'enseignement qu'il faut s'en prendre : dans les trois Écoles la même cause produit les mêmes effets.

Depuis longtemps, sans tenir compte des réclamations intéressées de l'industrie locale, on a autorisé les Écoles à prendre des commandes. Malheureusement, par suite de l'article 22 du règlement qui dit : « que le produit du travail exécuté dans les ateliers appartient à l'État » les recettes ainsi obtenues étant versées aux recettes générales (des domaines) sans aucun profit pour l'établissement, le faible crédit budgétaire pour achat de matières premières n'a pas permis de donner une extension suffisante à ce procédé des commandes qui convient pourtant si bien.

Pour rendre le système des commandes productif, il fallait intéresser suffisamment chaque École, en lui réservant la plus grosse part de ses recettes, et supprimer les entraves administratives en simplifiant la comptabilité, en vue surtout de laisser à la Direction de l'établissement toute initiative dans les détails, pour ne contrôler que les résultats financiers comme ceux ayant rapport à l'instruction des élèves.

C'est ce qui a pu être réalisé à l'École Khédiviale des Arts et Métiers, par un administrateur des plus distingués, S. E. Yacoub Artin pacha, sous-secrétaire d'État au ministère de l'Instruction publique.

A la requête de ce Ministère, sous l'autorité duquel l'École est placée, le Conseil des Ministres a rendu le 21 juillet 1886 une décision autorisant le Ministère des finances à ouvrir un compte spécial de recettes pour l'École Khédiviale des Arts et Métiers.

Ces recettes, déduction faite du 20 0/0 qui revient à l'État, restent à la disposition de l'établissement pour les achats et dépenses non prévus. Grâce à cette mesure aussi libérale qu'intelligente, la direction de l'École s'est empressée de rechercher les commandes. Pendant l'année scolaire 1886-87 qui vient de finir. il a été produit pour 75,000 francs de travaux d'élèves avec un crédit au budget de prévision ne dépassant pas 40.000 francs pour matières premières.

Ce résultat a été obtenu en complétant les approvisionnements sur le compte des recettes, et en évitant soigneusement la division de travail qui se pratique dans l'industrie pour ne sacrifier d'aucune manière l'instruction méthodique.

J'ajouterai qu'avec cette obligation de produire, la conduite des ateliers devient beaucoup plus aisée, car il y a un entraînement remarquable parmi les élèves. J'attribue cette émulation à ce que ceux-ci sont fiers de travailler comme des hommes, à des ouvrages sérieux, pareils à ceux qu'ils rencontreront plus tard dans l'industrie, et dont on leur fait apprécier la valeur commerciale.

Dans ce pays des bords du Nil, où les règles les plus élémentaires de l'économie politique ne sont pas en grand honneur, où tant de gens considèrent le travail manuel presque comme une honte, il est difficile de former de bons travailleurs ayant ce sentiment que le producteur, si modeste qu'il soit et de quelque nom qu'on l'appelle, mérite bien de lui-même et de la patrie.

D'ailleurs, le climat contribue pour beaucoup à diminuer la capacité physique et morale du travailleur en Égypte.

Les candidats entrent à l'école Khédiviale assez mal recrutés, sans aucune préparation manuelle, la durée moyenne du temps consacré aux travaux pratiques n'y atteint pas cinq heures par jour. Les ateliers sont spacieux et bien aménagés, mais leur outillage est à peine suffisant. Leur personnel, si dévoué qu'il soit, est loin d'avoir la valeur et l'importance de celui des Écoles françaises.

Malgré tout, il est certain que dans les conditions d'administration actuelles, la production des travaux s'accroîtra progressivement en même temps que l'instruction pratique des élèves.

On trouvera ci-annexé, p. 836, le programme de travaux manuels que j'ai établi pour l'école professionnelle de Boulaq. Ce programme donnera une idée de la méthode générale suivie pour apprendre les divers métiers enseignés à l'École.

Un résultat qui mérite d'être signalé, c'est que depuis les récentes réformes administratives du Ministère de l'Instruction publique, la comptabilité de l'École Khédiviale a été simplifiée au point qu'elle n'exige plus que trois écrivains et un magasinier pour la correspondance et l'administration, avec un effectif de trois cents élèves.

Un règlement de comptabilité des ateliers a été élaboré avec un remarquable talent d'assimilation et de simplification par M. Chakour Bey, directeur au ministère des finances, règlement adopté et mis en vigueur par la direction générale de la comptabilité de l'État.

Je crois utile de reproduire ci-après cet intéressant travail, auquel j'ai apporté quelques modifications qui m'ont été suggérées par l'expérience.

Comptabilité des matières premières.

Matières premières et objets confectionnés.

ARTICLE PREMIER. — Il est tenu une comptabilité distincte pour les matières premières employées pour le service des ateliers et pour les objets confectionnés.

Il est justifié de l'emploi des matières premières devant le

Ministère des finances directement. Quant aux objets confectionnés, on en justifiera devant le Ministère de l'Instruction publique.

Responsabilité du magasinier.

Art. 2. — Le magasinier est responsable des matières de toute nature et des objets confectionnés déposés dans les magasins et locaux commis à sa garde.

Responsabilité de l'ingénieur.

Art. 3. — L'ingénieur est responsable des matières de toute nature qui lui sont livrées pour le service des ateliers qu'il dirige.

Point de départ de la comptabilité.

Art. 4. — La comptabilité en matières du magasinier a pour point de départ un inventaire dressé dans la forme d'un modèle spécial.

Les objets seront estimés d'après les règles indiquées à l'article 19.

Règles pour l'établissement de l'inventaire.

Art. 5. — Les recensements des matières sont faits par un agent désigné par le Directeur de l'École.

Les matières sont pesées, mesurées ou comptées en présence du magasinier qui doit les prendre en charge.

Les inventaires établis dans la forme du modèle sont certifiés par l'agent qui a été chargé de faire les recensements, reconnus et acceptés par le magasinier responsable et arrêtés par le Directeur.

Entrées et sorties des matières.

Art. 6. — Les entrées et les sorties des matières premières destinées aux ateliers n'ont lieu qu'en vertu d'ordres délivrés par le Directeur.

Les entrées ont lieu sur des ordres de réception qui sont détachés d'un livre à souche.

Les sorties ont lieu sur des ordres de livraison, donnés par le Directeur sur la demande de l'Ingénieur.

Entrées et sorties des objets confectionnés.

ART. 7. — Les réceptions par le magasinier des objets confectionnés, et leur livraison, se font suivant les dispositions des articles 18 et 20.

Cas de l'absence du Directeur.

ART. 8. — En l'absence du Directeur, les ordres de réception ou de livraison sont délivrés par un agent délégué à cet effet par le Ministère.

Conditions des réceptions.

ART. 9. — Les ordres de réception des matières premières adressés au magasinier, portent à l'endos le procès-verbal dressé par la commission chargée d'examiner si les fournitures sont conformes aux modèles ou échantillons établis.

Les ordres et procès-verbaux, revêtus de l'accusé de prise en charge par le magasinier, sont dressés en double copie qui doivent être toutes deux présentées à l'appui de la demande de paiement à la Trésorerie centrale.

Cette dernière, après avoir constaté leur identité, en garde une comme justification du paiement et transmet l'autre au bureau des matières, qui l'annexe au compte du magasinier dont elle doit être rapprochée.

Commission de réception.

ART. 10. — La Commission chargée de l'examen des matières premières est composée du Directeur, d'un ingénieur, d'un contremaître et du magasinier de l'École.

La commission se réunira toutes les fois que le montant des fournitures dépassera 300 francs.

Réception des petits achats.

Art. 11. — Les achats qui ne dépassent pas ce montant seront reçus directement par le magasinier sous sa responsabilité. Leur montant sera payé sur les fonds de l'avance permanente.

Responsabilité du magasinier dans les réceptions.

Art. 12. — Le magasinier ne doit recevoir sous sa responsabilité que des objets réunissant toutes les conditions stipulées dans les marchés et conformes aux échantillons ou modèles-types, s'il en a été adopté.

Néanmoins, sa responsabilité ne s'étend pas à la qualité lorsque le matériel a été reçu par une commission et en vertu d'un ordre du Directeur.

Stock permanent dans le magasin.

Art. 13. — Le montant des approvisionnements du magasin ne doit jamais être inférieur à la consommation présumée d'un trimestre pour les matières achetées en Égypte, et de six mois pour les matières commandées en Europe. Lorsque le stock tend à descendre à ce minimum, le magasinier doit en avertir le directeur qui en avisera le Ministère de l'Instruction publique.

Limite des achats.

Art. 14. — Le montant des achats que peut effectuer l'École ne doit pas dépasser le montant des crédits budgétaires accordés pour l'achat des matières premières, montant majoré du produit de la vente des objets confectionnés après réduction des 20 0/0 à porter aux recettes générales. Les fournitures importantes sont achetées, soit par voie d'adjudication, soit par un arrangement de gré à gré. Les contrats ou les autorisations d'achat doivent être préalablement approuvés par le Ministère de l'Instruction publique. Une copie certifiée de ces autorisations, à défaut du document original, doit être transmise à la Trésorerie centrale avec la demande de paiement des fournitures.

Toutefois, le Directeur pourra sur le budget de l'École, sans autorisation préalable, et pour une somme qui ne devra jamais dépasser 1.000 francs ordonner l'achat d'objets et de matières immédiatement nécessaires pour travaux en cours d'exécution.

Pour les commandes imprévues du Ministère de l'Instruction publique ou d'autres administrations, comme pour celles de particuliers, l'École fournira un devis détaillé indiquant le prix définitif avec la somme nécessaire à l'achat des objets et matières premières.

Cette somme sera mise à la disposition de l'École pour les dites administrations ou particuliers en même temps que l'ordre de commande. L'achat sera immédiatement ordonné par le directeur en se basant sur les prix de la dernière adjudication annuelle des objets et matières pour les ateliers de l'École.

Les livraisons de ces commandes se feront suivant les dispositions des articles 18 et 21.

Objets confectionnés.

Ordres de confection.

Art. 15. — Aucune confection d'objets ne peut être faite sans un ordre du directeur, extrait d'un registre à souche.

Cet ordre porte un numéro consécutif, la désignation de l'objet à fabriquer, les dimensions et les particularités du travail, la matière à employer.

Cet ordre est adressé par le directeur à l'ingénieur qui est responsable de l'exécution du travail dans les ateliers. L'ordre indiquera si l'objet est destiné à la vente ou à un service public.

Demande de matières premières.

ART. 16. — L'ingénieur s'approvisionnera au magasin des matières premières nécessaires pour la confection des objets. Ces demandes seront extraites d'un livre à souche, indiquant les matières demandées et l'usage auquel elles sont destinées.

L'ingénieur notera le numéro de l'ordre de confection sur la demande de fournitures.

Ordres de livraison.

ART. 17. — Ces ordres seront ensuite soumis au Directeur qui y apposera le bon à livrer. Ils seront consécutifs.

L'ingénieur accusera réception sur la pièce même et le magasinier la conservera comme justification de la sortie des matières premières.

Ces matières seront considérées comme consommées lors de leur sortie du magasin. Par suite l'ingénieur n'a pas à en tenir comptabilité.

Versement des objets confectionnés.

ART. 18. — Le versement des objets confectionnés au magasin se fait par l'ingénieur au moyen d'un bordereau, extrait d'un registre à souche indiquant la désignation de l'objet remis et le numéro de l'ordre de fabrication qui le concerne.

Le magasinier signe le livre à souche qui reste entre les mains de l'ingénieur pour sa justification. Quant au bordereau même, qui est signé par le Directeur, il est remis au magasinier qui le garde comme pièce justificative de l'entrée d'objets confectionnés.

Estimation des objets.

Art. 19. — Le conseil des ateliers, composé de l'ingénieur et des contremaîtres, estimera la valeur de chaque objet. Cette estimation sera basée sur le prix des matières premières employées et sur le nombre des journées que des ouvriers y auraient consacrées.

On tiendra compte en outre du degré de fini du travail et de l'état du marché, en se tenant au-dessous de la cote pour faciliter la vente.

Livraison des objets.

Art. 20. — Toute livraison d'objets doit être faite sur un ordre du Directeur, extrait d'un registre à souche, et indiquant le prix original de l'estimation.

Le magasinier est responsable de toute sortie effectuée sans cet ordre.

Vente d'objets.

Art. 21. — Toutes les ventes doivent être faites au comptant. L'ordre de livraison indiquera, outre le prix original, le rabais ou l'augmentation suivant le cas.

Comptabilité des objets confectionnés.

Art. 22. — Le magasinier tient un registre des entrées des objets confectionnés, où une division distincte sera affectée à chaque objet et un registre des sorties. Une copie des deux registres sera envoyée mensuellement à l'Instruction publique avec les pièces justificatives.

Versements.

Art. 23. — L'ordre de vente sera remis à l'acheteur qui en versera le montant au magasinier. Ce dernier accusera réception des fonds au moyen d'une quittance.

Le magasinier n'effectuera la sortie des objets confectionnés qu'après la réception des fonds.

Le dernier jour du mois, il versera ces fonds à la caisse du Ministère de l'Instruction publique où on opérera la vérification de ses registres.

Constatation des différences.

Art. 24. — Le 31 décembre de chaque année, et à des époques indéterminées dans le courant de l'année, le Ministre de l'Instruction publique fait opérer un inventaire des objets confectionnés existants.

S'il existe des manquants le magasinier doit en rembourser la contre-valeur suivant le prix d'estimation des objets.

Livre des entrées tenu par l'ingénieur.

Art. 25. — L'ingénieur tiendra un registre pour les entrées des objets confectionnés qui lui sont confiés. Ce registre sera tenu dans la forme du Journal des entrées du magasinier (art. 22). En fin d'année on en opérera le rapprochement avec le registre du magasinier et on fera le récolement des objets existants.

Dans la colonne du registre destinée à l'indication du nom du consignataire, l'ingénieur mettra le nom du chef de l'atelier qui a charge de ces objets.

Les objets confectionnés détériorés par l'usage seront reversés au magasin à la fin de l'année comme matières premières, suivant bordereau préparé par l'ingénieur et approuvé par le Directeur.

On déduira ces objets du registre précité.

Mouvement des matières dans les ateliers.

Art. 26. — Le mouvement des matières dans les ateliers, ainsi que celui des pièces en cours de confection ont lieu d'après les ordres de l'ingénieur et sans l'intervention du Directeur. L'ingénieur prendra note dans la colonne d'observations du registre, du nom du nouveau consignataire des objets confectionnés.

Outils et machines

Art. 27. — L'ingénieur approvisionnera, au magasin, chaque atelier de l'outillage nécessaire.

Les outils seront à la charge du chef de l'atelier qui les recevra d'après livraison, avec inscription au registre spécial.

Les outils et machines seront à la disposition des élèves, sans que le chef d'atelier cesse d'en être responsable.

L'outillage, déclaré hors de service par le Conseil des ateliers, sera retourné au magasin comme vieille matière, sur l'autorisation du Ministère pour en opérer la décharge.

Tel est, en 27 articles, ce règlement aussi simple que pratique qui, tout en restant d'accord avec les règles générales établies en administration, n'exige comme on voit que fort peu d'écritures, soit pour justifier la consommation ou la transformation des approvisionnements, soit pour effectuer le mouvement des objets confectionnés.

Nombre d'Écoles professionnelles, nationales ou municipales, gagneraient à voir adopter cette simplification dans leur comptabilité; les économies qui en résulteraient pourraient servir à d'autres améliorations. On devrait aussi apporter le plus grand soin à laisser à la Direction de l'Établissement la plus grande liberté d'action possible, en vertu de ce principe que je crois pouvoir énoncer : qu'on ne fait rien de mieux que ce que l'on fait de sa propre initiative pour la satisfaction de sa conscience et l'accomplissement de son devoir quotidien.

Malheureusement, dans notre pays, l'administration est toujours méticuleuse et centralisatrice à l'excès. N'admettant guère de responsabilité chez le fonctionnaire, elle accepte difficilement la moindre réforme qui semblerait devoir porter atteinte à son omnipotence.

C'est à cela, je le répète en terminant, qu'il convient d'attribuer les quelques imperfections constatées avec juste raison dans l'enseignement des Écoles nationales d'Arts et Métiers, et dont les principales sont : la faiblesse de l'instruction littéraire et le manque d'activité dans l'exécution des travaux manuels.

Pour la première, j'ai indiqué la nature du mal ainsi que le remède.

Je viens de faire de même pour la seconde qui disparaîtra à n'en pas douter, le jour où chaque École sera autorisée à profiter de ses recettes pour alimenter largement le travail de ses ateliers.

Après avoir rappelé que parfois les petites causes produisent de grands effets, il ne me reste plus à souhaiter que les questions traitées dans cette note puissent mériter d'attirer l'attention de ceux qui ont en main les destinées de nos Écoles techniques.

Le décret du 4 avril 1885, portant règlement pour les Écoles nationales d'Arts et Métiers, en relevant comme il convenait le niveau des études théoriques (1) et en modifiant l'enseignement pratique relativement au changement d'atelier, a marqué un progrès sensible qui ne saurait être méconnu.

Ce décret a été rendu sur la proposition de l'éminent économiste qui préside actuellement le Conseil des Ministres et l'administration financière de la France. Les modifications apportées

____

(1) Les augmentations au programme des études théoriques sont les suivantes : les notions sur les dérivés, la géométrie analytique, la cosmographie, les ombres, la perspective, la coupe des pierres et des bois, la physique, la chimie et leurs applications industrielles, la technologie, l'économie industrielle, l'hygiène industrielle.

à l'ancien règlement ayant été d'abord élaborées par le Conseil supérieur de l'enseignement technique composé d'hommes remarquables dans la science d'application et dans l'industrie, parmi lesquels le digne et savant inspecteur actuel des Écoles.

Dans de pareilles conditions, tous les progrès deviennent facilement réalisables. Et c'est parce que je crois le moment opportun que je me suis permis, malgré mon insuffisance, de plaider la cause de l'enseignement professionnel auquel je me suis consacré depuis plus de vingt ans, et dont le développement est à l'ordre du jour chez tous les peuples civilisés.

De Caire-Boulaq, juillet 1887.

E. GUIGON bey,
*Directeur-fondateur de l'École Khédiviale
des Arts et Métiers.*

Nomenclature des modèles employés pour la comptabilité des matières de l'école d'Arts et Métiers (1).

Matières premières.

Modèle Registre des meubles et matières permanentes.
  » Quittance de fonds.
  » Carnet à souche des ordres de réception adressés au
  »   magasinier.
  » Journal des matières premières.
  » Grand Livre de développement des matières pre-
  »   mières.
  » Inventaire des matières premières.

Objets confectionnés.

Modèle Demande de matières premières adressée par l'in-
  »   génieur.

---

(1) Ces divers modèles d'imprimés peuvent être consultés au siège de la Société.

Modèle Ordre de confection adressé à l'ingénieur.
» Bordereau de versement des objets confectionnés.
» Ordre de livraison des objets confectionnés.
» Registre des entrées des objets confectionnés.
» Registre de sortie des objets confectionnés.

Programme des travaux manuels.

Les élèves travaillant le fer et le bois passent successivement à l'ajustage et au tour, à la menuiserie et à la fonderie pendant l'année préparatoire, dans le but d'acquérir les notions générales indispensables et de rechercher pratiquement leur aptitude.

La division préparatoire comprend quatre sections réparties comme suit :

1er Semestre : 1re et 2me sections : Ajustage et tour, en intervertissant ; 3me et 4me sections : Menuiserie et fonderie, en intervertissant.

2me Semestre : 3me et 4me sections : Ajustage et tour, en intervertissant ; 1re et 2me sections : Menuiserie et fonderie, en intervertissant.

À la fin de l'année préparatoire, les élèves sont distribués dans l'atelier où ils ont montré le plus d'aptitude et d'après le nombre de places disponibles. Les autres élèves restants sont placés à leur choix dans les ateliers de forges, de chaudronnerie et de tours à métaux.

Les sculpteurs sont choisis parmi les menuisiers forts en dessin. Les peintres et les imprimeurs ne changent pas d'atelier ; ils sont recrutés parmi les élèves ayant de bonnes dispositions pour la calligraphie et le dessin.

ATELIERS D'AJUSTAGE ET DE SERRURERIE

Année préparatoire. — Exercices de lime : Deux principes plats en fer, un principe prismatique en fer et un principe d'articulation en tôle.

Exercice de burin et de bédane : principe en fonte.

Ecrous, boulons, vis, etc.

Première année. — Marteau à main ou rivoir. Compas d'épaisseur ordinaire ou à arc. Compas maître de danse. Compas à pointe ordinaire ou à arc. Equerre simple et à chapeau. Etau à main. Exercices de forge. Forgeage et trempe des outils.

Deuxième année. — Outillage. Serrurerie de bâtiment, Clefs à écrous. Lits en fer. Chaises et bancs de jardin. Serrures. Exercices aux machines à raboter, à limer, à mortaiser, etc. Etau à griffes et à mors parallèles. Réparations.

Troisième année. — Alésoirs, tarauds et filières. Presse à copier. Trusquin. Marbres d'ajusteur. Fût à rochet. Clef anglaise. Tour d'horloger. Serrurerie artistique. Appareils de physique et de télégraphie. Pompes.

Quatrième année. — Organes de machines. Vérin. Treuil; Palan. Machines-outils. Coffres-forts. Portes en fer. Machines à vapeur. Appareils de démonstration.

Commandes.

ATELIER DE TOURS A MÉTAUX

Année préparatoire. — Exercices au crochet et à la plane : boulons, écrous, vis, tiges, etc.; affûtage des outils de tour. Exercices d'ajustage, de menuiserie et de fonderie.

Première année. — Tournage au crochet et à la plane : rondelles de compas, clefs de serrures. Goujons et autres petites pièces. Alésages. Exercices au tour à l'archet. Forage. Exercices de forge. Forgeage et trempe des outils de tour.

Deuxième année. — Exercices du tour à charioter et du tour parallèle. Filetages divers : vis de presse, de vérin, etc. Filetage à la volée. Alésages ajustés. Exercices aux machines-outils. Centrage.

Troisième année. — Exercices du tour en l'air : Poulies, volants, tambour, etc. Arbres en fer. Manivelles. Cylindres.

Sphères. Tournage de pièces artistiques. Fraises et mèches à spire. Engrenages divers. Pompes rotatives et centrifuges.

Quatrième année. — Robinetterie. Organes de machines. Mécanique de précision.

Commandes.

ATELIER DES FORGES

Année préparatoire. — Exercices :
Ajustage, tour, menuiserie et fonderie.

Première année. — Allumage et conduite du feu. Manipulation du métal sur le foyer. Exercices de frappe. Étirage d'une barre de fer, parage, étampage. Découpage à la tranche à chaud et à froid, perçage. Soudures par amorce et autres. Paquets. Écrous carrés. Équerres. Rondelles.

Deuxième année. — Boulons et écrous à six pans. Recuit. Vernissage à chaud. Brasure. Compas d'épaisseur et compas à pointes. Marteaux. Soudure de l'acier au fer. Étaux à main. Tenailles. Serrurerie. Soudure de l'acier à lui-même. Trempe et recuit de l'acier.

Troisième année. — Corroyage du fer par paquet au marteau-pilon. Outillage. Trempe au paquet. Redressage de l'acier trempé. Trusquin. Fût à rochet. Clef à écrous. Tour d'horloger. Étaux. Serrurerie artistique (art pharaonique et art arabe).

Quatrième année. —— Forgeage de pièces de machines-outils et de machines à vapeur.

Commandes.

ATELIER DE CHAUDRONNERIE

Année préparatoire. — Exercices : ajustage, tour, menuiserie et fonderie.

Première année. — Dressage d'une feuille de métal. Exercices en cuivre du rétreint et du planage. Jonction des pièces. Soudures et sertissage. Exercices de rivure et matage. Ferblanterie. Exercices de forge. Forgeage et trempe du petit outillage.

Deuxième année. — Confection d'un tuyau, d'une tubulure, d'un serpentin. Ventilateur. Cafetières. Plats. Chaudron. Alambic. Aiguière et cuvette. Casseroles. Burettes à huile. Fontaines et seaux. Étamage, galvanisme et nickelage. Vernissage.

Troisième année. — Plomberie. Ustensiles en zinc et en laiton. Étampage. Chaudronnerie en fer : Tracé, découpage et perçage des feuilles de tôle. Cintrage et emboutissage. Assemblage des feuilles. Fabrication et pose des rivets. Matage. Masticage. Cheminées en tôle et fourneaux.

Quatrième année. — Tuyautage. Ventilateur. Cubilots. Baignoire. Chaudière à vapeur. Appareils de sucrerie. Chaudronnerie artistique (art arabe).

Commandes.

ATELIERS DE MENUISERIE, TOURS ET MODÈLES

Année préparatoire. — Dressage de planches au riflard et au rabot. Affûtage des outils. Corroyer deux pièces carrées d'égales dimensions. Assemblage de planches à rainures et languettes. Exercices de différentes scies. Équerre à assemblage.

Première année. — Planchettes à dessin. Caisses à outils. Assemblage à languette rapportée, à tenon et mortaise, à queue d'arronde. Tiroirs d'ajusteur. Étagères. Masticages. Exercices au tour à bois : manches et pièces simples.

Deuxième année. — Entures à sifflet simple et double. Collage. Assemblage à tenon simple avec moulures. Assemblage à trait de Jupiter. Filetage. Petite armoire. Chaises et bancs de jardins. Tournage de pièces creuses et à emboîtements.

Troisième année. — Outillage. Assemblages divers. Croisées. Modèles simples et châssis de fonderie. Découpages. Exercices aux machines outils pour le bois. Paliers. Portes. Planches à trousser. Tournage de modèles.

Quatrième année. — Établi de menuisier. Persiennes. Engrenages. Ameublement. Planage et vernissage. Modèles de mécanique et boîtes à noyaux.

Commandes.

ATELIER DE FONDERIE

Année préparatoire. — Préparation et battage du sable. Principes de moulage : noyaux en sable. Moulage du principe en fonte. Barreaux de grilles. Pièces artistiques en bas relief. Coussinet en bronze et autres objets simples.

Première année. — Boîtes de roues. Arcs en fonte pour bordure. Robinet simple. Petite cloche. Presse-étoupe. Garniture en sable de la poche à couler. Charge et conduite du cubilot et des fours.

Deuxième année. — Moulage à découvert sans modèle d'une plaque simple. Pieds de table et de bancs. Tuyère. Mortier. Pièces artistiques en fonte, en zinc, en bronze. Tuyau. Exercices au creuset. Moulage en coquille.

Troisième année. — Exercices à la trousse et au gabarit. Poulies. Engrenages. Grilles en fonte. Objets d'art. Châssis en fonte. Étuvage des moules. Étagères. Robinets et soupapes. Garnitures de foyers.

Quatrième année. — Remoulage. Moulage sans modèle. Paliers et chaises de transmission. Pompes et ventilateurs. Piston, tiroir, bâti, cylindre de machine à vapeur.

Commandes.

ATELIER DE SCULPTURE

Année préparatoire. — Exercices : ajustage, tour, menuiserie et fonderie.

Première année. — Exercices de calligraphie et de dessin d'après gravure. Modelage en terre et moulage en plâtre, Reproduction sur bois. Affûtage des outils. Exercices simples des styles grec et romain. Exercices au tour à bois. Pièces torses.

Deuxième année. — Exercices de dessin et modelage en plâtre d'après moulages. Moulage en plâtre et reproduction sur bois. Principes sur bois du style égyptien et du style arabe. Gravure sur bois et bas-relief. Polissage et vernissage.

Troisième année. — Modelages simples d'après nature. Haut-relief : arabesques, stalactites, frises, chapiteaux, etc. Ebénisterie. Figures style égyptien. Marqueterie. Mosaïque, ivoire et nacre. Travaux de tour : machrabiah.

Quatrième année. — Composition d'ensemble. Gravure sur métal. Meubles divers style égyptien et renaissance arabe. Panneaux géométriques, style arabe.

Commandes.

ATELIER DE PEINTURE

Année préparatoire. — Outillage et appareils. Préparation des murs et des bois. Masticage et ponçage. Broyage des couleurs. Première couche à la chaux et à l'huile. Grisailles. Etendage des couleurs.

Première année. — Peinture à la fresque ou en détrempe. Entretien des brosses et pinceaux. Piquage des dessins et application sur les murs et plafonds. Exercices de décoration sur papier. Préparation des teintes et couleurs.

Deuxième année. — Peinture à l'huile des travaux des autres ateliers. Filets à la chaux, à la colle et à l'huile. Répartition des plafonds et des murs. Teintage des ornements. Ornements style grec et romain.

Troisième année. — Corniches en relief. Filets en tous genres. Ornements style égyptien et arabe. Bronzage, argenture et dorure. Vernissage. Faux bois et faux marbres. Commandes.

Quatrième année. — Ecritures de tous genres. Compositions décoratives complètes. Stores. Peinture sur verre. Peinture de voitures. Figures décoratives. Plafonds sur toile.

Commandes.

ATELIER D'IMPRIMERIE

Année préparatoire. — Manœuvre de la presse. Dressage et grainage des pierres lithographiques. Montage et réglage de la presse. Préparation du noir d'écriture. Usage et entretien des outils et appareils.

Première année. — Exercices d'écriture et de dessin sur papier autographique. Transport sur pierre. Fixage, corrections et nettoyage. Reports. Encrage et impression. Lithographie : Écriture, dessin et gravure sur pierre.

Deuxième année. — Étude de la casse. Blancs. Force de corps. Composition sur réimpression. Signes de corrections. Correction typographique des épreuves. Distribution. Tirages à la presse à main. Chromo-lithographie.

Troisième année. — Composition typographique sur manuscrit. Mise en page. Imposition. Tirage des épreuves. Corrections d'auteur. Composition d'ouvrages littéraires avec accents. Titres. Encadrements. Vignettes. Tirage à la presse mécanique.

Quatrième année. — Notions sur la fabrication des caractères, sur la clicherie et sur la galvanoplastie. Zincographie. Dessin et gravure sur bois et sur métal.

Commandes.

E. G.

IMPRIMERIE CENTRALE DES CHEMINS DE FER. — IMPRIMERIE CHAIX
RUE BERGÈRE, 20, PARIS. — 26002-7.